Name: Datum:

Arbeitsblatt für die Gruppenarbeit Abb.

Was sagt Lena zu Jakob?

Male die Sprechblasen an, in denen sich Lena Jakob entschuldigt!

Du kannst dir ja eine neue Laterne kaufen!

Es ist doch nur eine Laterne!

Bitte verzeih mir!

Ich bastle dir eine neue Laterne!

Stell dich doch nicht so an!

Es tut mir so Leid!

Sei nicht kindisch!

☞ Für Schnelle

Man kann sich noch anders entschuldigen. Schreibe deine Ideen hier auf!

Miteinander umgehen im mündlichen Sprachgebrauch

Wie kann sich Lena bei Jakob entschuldigen?

Martina Heindl

Streit und Versöhnung sind kindlicher Alltag. Nicht allen Kindern gelingt es jedoch, sich sprachlich angemessen zu entschuldigen. Die Auseinandersetzung mit diesem Thema bereichert die Ausdrucksfähigkeit der Schüler und Schülerinnen und fördert die Sprach- und Handlungskompetenz.

Material
- Bildkarten und Wortkarten für das Tafelbild (siehe Abb. 1)
- Arbeitsblatt für die Gruppenarbeit (siehe Abb. 2)
- Tonbandaufnahme für das 2. Teilziel
- Auftragskarten mit Situationen, die eine Entschuldigung erfordern

Der richtige Tonfall
Die Schülerinnen und Schüler erkennen, dass man bei einer Entschuldigung auch auf den Tonfall achten muss.

Selbst formulieren
Besonders wichtig erscheint die selbstständige Formulierung von Entschuldigungen, weil dadurch die Ausdrucksfähigkeit der Kinder geschult und die Wahrscheinlichkeit der Anwendung im Alltag größer sein wird.

Lernziele

Die Schülerinnen und Schüler sollen
- die Situation des dargestellten Tafelbildes deuten und diese Deutung verbalisieren;
- in der Gruppenarbeit geeignete Sätze finden, die der Entschuldigung dienen;
- beim Sprechen der Entschuldigung auf den angemessenen Stimmgebrauch achten;
- geeignete Eigenschaftswörter zur Stimmführung bei der Entschuldigung suchen;
- erkennen, dass das Entschuldigen nicht nur eine Frage der Wortwahl ist;
- ein Gespür für Situationen entwickeln, in denen eine Entschuldigung notwendig ist.

Der Unterrichtsverlauf

Sprachsituation

Als Einstieg präsentiert die Lehrkraft das Tafelbild (siehe Abb.1), zu dem sich die Schülerinnen und Schüler spontan äußern. Gegebenenfalls schätzen bereits hier einige Kinder die dargestellte Situation richtig ein und erkennen das Stundenziel.

Die Lehrkraft bettet die bildliche Darstellung in einen Kontext ein und erzählt: »Lena passiert beim Laternenumzug ein großes Missgeschick. Sie plaudert gerade mit ihrer Freundin Heike und passt nicht mehr auf die Kerze auf. Plötzlich kippt die Kerze um und die Laterne brennt lichterloh. Bis das Feuer endlich gelöscht werden kann, ist schon ein großer Teil der Laterne verbrannt. Das Schlimme daran ist aber, dass die Laterne gar nicht ihr gehört. Sie hat sie sich von Jakob nur ausgeliehen.« Die Schülerinnen und Schüler berichten von Situationen, in denen sie sich in einer ähnlichen Lage wie Lena befanden und erzählen, wie sie sich dabei fühlten. Schließlich formulieren die Kinder das Stundenziel, das der Lehrer als Überschrift an der Tafel festhält.

Spracherarbeitung

1. Teilziel: Was sagt Lena zu Jakob?
Das erste Teilziel erarbeiten die Kinder in Gruppenarbeit. Dazu erhalten sie ein Arbeitsblatt (siehe Abb. 2), auf dem sie Sätze auswählen, mit denen sich Lena bei Jakob entschuldigen könnte. Besonders wichtig erscheint hier die selbstständige Formulierung von Entschuldigungen, weil dadurch die Ausdrucksfähigkeit der Kinder geschult und die Wahrscheinlichkeit der Anwendung im Alltag größer sein wird.

Im Anschluss an die Gruppenarbeit tragen die Gruppensprecher die Ergebnisse vor und heften Sprechblasen, die entweder vom Lehrer vorbereitet oder in den Gruppen selbst geschrieben wurden, an die Tafel. Um das Erarbeitete zu sichern, lesen die Schülerinnen und Schüler den Inhalt der Sprechblasen noch einmal laut vor.

2. Teilziel: Wie entschuldigt sich Lena?
Im zweiten Teilziel geht es um den angemessenen Stimmgebrauch bei der Entschuldigung. Die Kinder hören eine Tonbandaufnahme, bei der sich mehrere Menschen auf unterschiedliche Arten entschuldigen, z. B. spricht einer sehr undeutlich, so dass man die Entschuldigung gar nicht richtig verstehen kann, ein anderer spricht zu schnell, wieder ein anderer leiert die Entschuldigung nur herunter und man merkt, dass er es nicht ehrlich meint, der nächste spricht sehr kühl, gerade so, als ob ihn die Sache gar nichts anginge. Die Schülerinnen und Schüler erkennen, dass man bei einer Entschuldigung auch auf den Tonfall achten muss. Sie lesen den Inhalt der Sprechblasen an der Tafel so vor, dass die Entschuldigungen aufrichtig klingen. Danach suchen die Kinder treffende Eigenschaftswörter, welche die Stimmführung bei der Entschuldigung beschreiben. Die Wortkarten werden an der Tafel fixiert. Zur Festigung dieses Teilziels wird in einem Partnergespräch auf die eingangs erinnerte je eigene Situation zurückge-

griffen. Die Kinder üben daran die geeignete Wortwahl und die richtige Stimmführung.

3. Teilziel: Wann muss man sich entschuldigen?
Dieses Teilziel umfasst sowohl die Frage, wann man sich entschuldigen sollte, als auch den Transfer auf verschiedene Situationen, die eine Entschuldigung erfordern. Im Unterrichtsgespräch wird gemeinsam erarbeitet, dass es am besten ist, sich so bald wie möglich zu entschuldigen und das sicherlich nicht besonders angenehme Gespräch nicht hinauszuschieben. Anschließend sollen die Schülerinnen und Schüler in Partnerarbeit weitere Situationen finden, die eine Entschuldigung erfordern. Der Lehrer notiert die Vorschläge der Kinder an der Tafel.

Vertiefung
Der Lehrer provoziert durch die Behauptung, dass manchmal Worte alleine als Entschuldigung nicht ausreichen. Die Kinder realisieren, dass ein Bedauern auch durch Gesten, Mimik oder die Körperhaltung ausgedrückt werden kann. Am Ende dieser Lerneinheit stehen szenische Darstellungen verschiedener Situationen, in denen eine Entschuldigung notwendig wird. Folgende Möglichkeiten bieten sich zur Darstellung an:

1. Du hast deine Hausaufgaben nicht gemacht und entschuldigst dich bei deiner Lehrerin.
2. Du hast mit deinem Papa gestritten und ihn angeschrien.
3. Du hast einen Mitschüler beschimpft.

Je zwei Schüler entscheiden sich für eine Situation. In Auswahl stellen die beiden die Situation unter Berücksichtigung der Wortwahl, Stimmführung, Mimik und Gestik dar.

Weiterführung
Da es im Verlauf des Schuljahres sicherlich immer wieder zu Streitereien o. Ä. zwischen Mitschülern kommen wird, wäre es schön, die Kinder in solchen Situationen an diese Unterrichtsstunde zu erinnern und anzuleiten, sich angemessen zu entschuldigen. ■

Literatur

- *Das Sprachbuch 3, Handbuch für Lehrerinnen und Lehrer. München 1999*
- *Lehrplan für die Grundschulen in Bayern, München, 2001*

Autorin
Martina Heindl
Lehrerin
Hans-Mielich-Straße 24
81543 München

Tafelbild Abb. 1

Wie kann sich Lena bei Jakob entschuldigen?

Wie spricht Lena?

- sanft
- leise
- ruhig
- weich
- herzlich
- freundlich
- bedauernd

Wann muss man sich entschuldigen?

Wenn man
- frech war,
- gelogen hat,
- jemanden beschimpft hat,
- zu spät kommt,
- die Hausaufgaben nicht gemacht hat.

Entschuldige dich so bald wie möglich!

START KLAR

DER SCHUL-KNIGGE

1./2. Jahrgangsstufe (Teil I)

Ein Verhaltenstraining für Schüler in drei Teilen
mit Kopiervorlagen

Dr. Helen McGrath

Aus dem Englischen von Barbara Soukup-Sterl

Auer Verlag GmbH

Dieses Buch ist im Verlag Blake Education unter folgendem Titel erschienen:
Helen McGrath: Behaviour Management, Ready-to-go ideas and activities to help students manage their own behaviour, Lower Primary, Sydney 2000.

Gedruckt auf umweltbewusst gefertigtem, chlorfrei gebleichtem und alterungsbeständigem Papier.

1. Auflage. 2005

Illustrationen: Cliff Watt
Gesamtherstellung: Ludwig Auer GmbH, Donauwörth
ISBN 3-403-04067-4

INHALT

* Um den Lesefluss nicht unnötig zu behindern, wird lediglich die kürzere, männliche Form verwendet.

** Abkürzung für Kopiervorlage

Hinweise zur Benutzung

Wissenswertes für Lehrer

Dieses Kapitel erklärt Lehrern, wie sie dieses Buch effektiv einsetzen. Es enthält Ideen zur Klassenführung, wertvolle Hintergrundinformationen, technische Tipps, Analysemethoden und außerdem Anregungen zur Elterneinbindung.

Übungen zum Durchstarten

Diese Aktivitäten, Spiele und Ideen helfen Lehrern, die Verhaltensweisen ihrer Schüler zu verbessern. Die Übungen können jederzeit und in beliebiger Reihenfolge eingesetzt und in den regulären Unterricht integriert werden. Sie benötigen keine oder nur wenig Vorbereitungszeit.

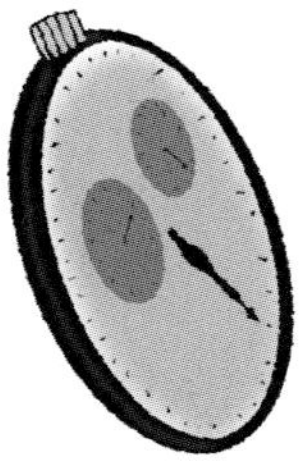

Materialien für die individuelle Planung

Diese 27 Kopiervorlagen für den Benimm-Unterricht können in jeder Unterrichtsphase eingesetzt, bei Bedarf modifiziert und so an die Bedürfnisse einzelner Schüler oder Klassen angepasst werden.

Schritt für Schritt

Der letzte Teil des Buches enthält Arbeitskarten, die sich sowohl für Einzel- als auch Gruppenarbeit eignen. Voraussetzung ist, dass die Schüler gut lesen, Anweisungen befolgen und Aufgaben selbstständig lösen können.

Bilder-Paket

Darin befinden sich 23 große Bilder mit didaktisch-methodischen Hinweisen auf der Rückseite. Das Bilder-Paket-Symbol auf den Kopiervorlagen zeigt an, wenn zu einer Übung (mindestens) ein passendes Bild im Bilder-Paket vorliegt.

WISSENS-WERTES FÜR LEHRER

HINTERGRUND-INFORMATIONEN

Prävention

Bauen Sie Beziehungen und Vertrauen auf

Beziehungen-Knüpfen fördert die Entwicklung eines positiven Klassenklimas. Setzen Sie Aktivitäten und Spiele ein, die Schülern helfen, sich gegenseitig kennen und schätzen zu lernen und freundschaftliche Beziehungen zueinander aufzubauen.

Schaffen Sie ein gutes Verhältnis zwischen sich und den Schülern

Das beginnt damit, dass Sie Wärme und Zuversicht vermitteln und mehr die Stärken als die Schwächen Ihrer Schüler hervorheben. Finden Sie eine Besonderheit bei jedem Schüler, über die Sie mit ihm sprechen können. Fast jeder Schüler sagt, dass er Lehrern, die oft herumbrüllen, am meisten misstraut!

Vermitteln Sie soziale Verhaltensweisen

Wenn Schüler sozial kompetenter werden, stärkt das ihre gegenseitigen Beziehungen und schafft ein positives soziales Klima. Lehren Sie die Schüler Verhaltensweisen wie „Sich austauschen“, „Im Team arbeiten“, „Konflikte lösen“, „Eine positive Einstellung zeigen“, „Einfühlsam sein“ und „Freundschaften pflegen“.

Fördern Sie individuelle Fähigkeiten

Sie können Ihren Schülern auch individuelle Fähigkeiten vermitteln, die zu Kooperation und Selbstdisziplin beitragen, wie z. B. „Mit Wut umgehen“, „Gefühle verstehen und mit ihnen zurechtkommen“, „Selbstständig handeln“ oder „Sich selbst Ziele setzen und verwirklichen“.

Gehen Sie streng gegen Mobbing vor

Führen Sie feste Regeln und Taktiken ein, um Belästigungen und Schikanen zu unterbinden. Das kann einige Zeit dauern, aber es ist unbedingt notwendig, um ein sicheres, förderndes und tolerantes Klima zu schaffen, in dem korrektes Verhalten gedeihen kann.

Entwerfen Sie Belohnungsprogramme für angemessenes Verhalten

Setzen Sie Strategien, Spiele und Aktivitäten zur Förderung positiven Verhaltens ein, wie z. B. „Arbeiten zu Ende führen“, „Aufmerksam sein“, „Andere nicht unterbrechen“ oder „In Gruppen kooperieren“. Verwenden Sie Belohnungssysteme, die erschwinglich sind, keinen Neid bei Mitschülern hervorrufen und sich soweit wie möglich auf das Unterrichtsgeschehen beziehen.

Situationsbedingtes Eingreifen

Handeln Sie nachdrücklich und konsequent

Reagieren Sie angemessen und mit abgestuften Konsequenzen statt mit Demütigungen, Sarkasmus oder Verachtung, weil sich solche Reaktionen destruktiv auswirken und ein Schüler sich normalerweise dafür revanchiert. Richten Sie es, wenn möglich, so ein, dass die Tat die Strafe nach sich zieht. *Beispiel*: Ein Schüler muss den Tisch, den er voll gekritzelt hat, selbst reinigen.

Anschließende Unterstützung

Manche Schüler haben mehr Probleme damit, ihr Verhalten zu steuern. Diese Schüler brauchen möglicherweise weitergehende Unterstützung, wie z. B.:

- einen individuellen Unterstützungsplan, der festlegt, wer wie welche Art von Unterstützung bietet,
- Unterstützung durch gleichaltrige Mitschüler,
- einen individuellen Verhaltensvertrag zwischen Schüler und Lehrer mit festgesetzten Belohnungen oder
- die erneute Vermittlung bestimmter Verhaltensweisen in kleinen Gruppen.

Bauen Sie in der Klasse Beziehungen auf

Nehmen Sie sich in den ersten Wochen des Schuljahres jeden Tag etwas Zeit, um ein positives und förderndes Klassenklima aufzubauen. Setzen Sie Aktivitäten ein, durch die sich die Schüler besser kennen lernen können und nutzen Sie dabei zufällige Gruppenbildungen, so dass jeder Schüler einmal mit jedem seiner Klassenkameraden zusammenarbeiten kann. Lassen Sie Ihre Schüler Lernspiele machen, an denen sie Spaß haben, und erklären Sie das Klassenzimmer zur „spottfreien Zone", so dass sich die Schüler trauen, ihre Meinung zu äußern. Geben Sie den Schülern viele Gelegenheiten, Entscheidungen in der Klasse zu treffen, Ihnen Rückmeldungen zu geben und zu verhandeln. Vermitteln Sie soziale Verhaltensweisen direkt, wie „Sich austauschen und die Reihenfolge einhalten", „Gut zuhören", „Eine positive Einstellung zeigen", „Kompromisse schließen", „Mit Konflikten umgehen" und „Rücksichtsvoll die eigene Meinung äußern". Verwenden Sie folgende vier Schritte bei der Vermittlung:

- Die Verhaltensweise besprechen
- Die Schritte zum Erwerb der Verhaltensweise aufzeigen
- Die Schüler die Verhaltensweise im Rollenspiel einüben lassen und
- Die Schüler die Verhaltensweise in einer Realsituation verwenden lassen und ihnen Rückmeldung geben

Versuchen Sie, mindestens einmal am Tag kooperatives Lernen zu ermöglichen. Dadurch verbessert sich nicht nur die Qualität der Lernergebnisse, sondern die Schüler bekommen auch die Gelegenheit, sich sozial zu verhalten und zueinander Beziehungen aufzubauen.

Rechte, Pflichten, Beziehungen

Eine effektive Disziplin gründet auf Rechten, Pflichten und Beziehungen. Schüler haben das Recht auf

- die Freiheit, sie selbst zu sein,
- den Schutz ihrer Person und der Dinge, die ihnen gehören,
- die Chance, sich störungsfrei auf ihre Arbeit zu konzentrieren und von ihr zu profitieren,
- das Klassenzimmer als Lernort und
- auf eine gesunde und sichere Umgebung.

Wenn ein Schüler eines dieser Rechte verletzt, dann sagen Sie: „Beschränkst du mit dem, was du gerade tust, nicht die Rechte der anderen?"

Nutzen Sie Tutorensysteme

Tutorensysteme mit Schülern gemischten Alters sind ein wesentlicher Steuerungsfaktor für positives Verhalten. Der ältere Schüler gewinnt an Reife, Einfühlungsvermögen, Verantwortungsgefühl und sozialer Kompetenz. Wenn ältere Schüler mit den jüngeren Lesen und Rechtschreiben üben, haben sie in diesen Bereichen selbst mehr Lernerfolge. Bei etablierten Tutorensystemen vertragen sich ältere Schüler besser mit den jüngeren und zeigen mehr Reife im Umgang mit ihnen. Die jüngeren Mitschüler haben offensichtlich den Vorteil, sich sicherer und mit einem älteren Schüler verbunden zu fühlen, und außerdem die Gelegenheit, soziale Verhaltensweisen zu beobachten.

Beleuchten Sie die Sonnenseiten

Führen Sie effektive Belohnungssysteme ein, die gutes Benehmen fördern. Setzen Sie Belohnungen für die ganze Klasse fest, wenn sich alle gut benommen haben. Wenn es nötig ist, dann handeln Sie individuelle Verträge mit bestimmten Schülern aus, für die es schwieriger ist, sich richtig zu verhalten. Sie können einzelne Schüler entweder individuell belohnen oder ihnen Gruppenbelohnungen zugestehen, die sie sich verdient haben und der ganzen Klasse spendieren können (z. B. Gruppenspiele).

KLASSENFÜHRUNG

Klassenverträge

Kooperation, Toleranz, Freundlichkeit, Respekt und die Unterstützung anderer sind Regeln, an die sich alle in der Schule halten müssen.
Sie können **KV 27** als Muster für einen Vertrag zwischen der Klasse und Ihnen verwenden.
Er soll die Schüler dazu anregen, sich diesen Regeln verpflichtet zu fühlen.

Problemlöse-Zone

Vermitteln Sie Fähigkeiten zum Umgang mit Konflikten. Richten Sie eine „Problemlöse-Zone" ein und hängen Sie die Poster aus dem Bilder-Paket, die Konfliktlösungsstrategien aufzeigen, in der Nähe auf. Lassen Sie die Schüler dort ihre Probleme selbst regeln, aber bieten Sie sich für den Fall, dass die Kinder es nicht schaffen, als Vermittler an.

Effektiver Unterricht

Lehrer, die effektiv arbeiten, haben weniger Probleme mit Verhaltenssteuerung. Beziehen Sie Ihre Schüler aktiv in das Lerngeschehen ein und ermöglichen Sie ihnen, miteinander in strukturierten Arbeitsformen umzugehen. Wecken Sie die Neugier Ihrer Schüler durch Aktivitäten, die kritisches und kreatives Denken erfordern. Motivieren Sie ihre Schüler und erlauben Sie sich auch einmal ein Späßchen mit ihnen. Handeln Sie bei der Anwendung von Regeln und der Behandlung von Streitfällen fair, aber auch konsequent, und nehmen Sie dabei auf jeden einzelnen Schüler Rücksicht. Teilen Sie sich Ihren Schülern mit und gestalten Sie die Lerninhalte so, dass sie praxisrelevant sind.

Sollten Schüler die Klasse wiederholen?

Wir verwenden diese Strategie traditionell bei Schülern, die uns emotional oder sozial unreif erscheinen oder die Schwierigkeiten mit dem Lernstoff haben. Allerdings zeigen uns neuere Forschungsergebnisse, dass dadurch langfristig kein besserer Lernerfolg erzielt wird, sondern im Gegenteil eine negative Einstellung zur Schule, ein geringeres Selbstwertgefühl und, besonders bei Jungen, häufigere Verhaltensprobleme entstehen. Viele zurückgestufte Schüler verlassen später vorzeitig die Schule.

Fördern Sie Selbstständigkeit und Kooperation

Erklären Sie den Schülern, dass Sie von ihnen selbstständiges Denken („Sein eigener Chef sein"), Hilfsbereitschaft und die Zusammenarbeit mit Lehrern und Mitschülern erwarten.
Vermitteln Sie diese Verhaltensweisen durch Diskussionen und unter Einbeziehung des **Bilder-Pakets**, insbesondere der **Karte 13**, die „Selbstständigkeit" und „Zusammenarbeit" thematisiert. Verwenden Sie möglichst diese Begriffe, wenn Sie mit den Schülern über ihr Verhalten sprechen.
Erwähnen Sie diese Verhaltensweisen auch, wenn Sie Schüler ermahnen oder loben. *Beispiele*: „Wir versuchen, in der Klasse hilfsbereit zu sein. Wie kannst du mehr Hilfsbereitschaft zeigen?" oder „Danke, dass du mit den anderen so schön zusammenarbeitest. Das ist gut für die Klasse."

Lassen Sie die Schüler ihr Können beweisen

Ermöglichen Sie den Schülern, verantwortungsvolle Aufgaben zu übernehmen und dadurch zu zeigen, dass sie organisieren, kooperieren, selbstsicher handeln und andere anleiten können. Das vermittelt ihnen ein Gefühl der Zugehörigkeit. Verwenden Sie als Arbeitsgrundlage einen Erfassungsbogen komplexer Intelligenzfelder (**KV 16**) und notieren Sie sich laufend Ihre Erfahrungen mit den relativen Stärken Ihrer Schüler.

TECHNISCHE TIPPS

Computer als Belohnung einsetzen

Wenn einzelne Schüler ihre Arbeiten ordentlich erledigen, über einen bestimmten Zeitraum besseres Verhalten zeigen oder sich in den Pausen anständig benehmen, dann können Sie ihnen zusammen mit einem Freund/einer Freundin als Belohnung Zeit am Computer zugestehen. Begrenzen Sie von vornherein die Zeitspanne, die man sich auf diese Weise verdienen kann oder stufen Sie die Belohnungszeit je nach dem Grad der Besserung ab. Beispielsweise könnten Sie zwei Minuten für jeden Tag ansetzen, an dem ein Schüler von Ihnen bzw. der Pausenaufsicht nicht ermahnt oder bestraft werden musste. Die Belohnung kann aber erst eingelöst werden, wenn zehn Minuten „verdient" wurden. Später kann die Mindestzeit für die Einlösung auch erhöht werden.

Partnerspiele am Computer

Lassen Sie die Schüler jeweils mit einem Partner am Computer spielen, falls es machbar ist. Wiederholen Sie mit ihnen vorher die sozialen Verhaltensweisen, die für die Partnerarbeit gebraucht werden:

- Den anderen mitspielen lassen und die Reihenfolge einhalten
- Fair und nach den Regeln spielen
- Ein guter Gewinner bzw. Verlierer sein
- Sich auf das Spiel konzentrieren und nicht ablenken lassen
- Zügig und ohne Verzögerungstaktik spielen

E-Mail-Kontakt

Stellen Sie den Kontakt zwischen einem Schüler und einem Lehrer an der gleichen oder auch einer anderen Schule her, dem der Schüler eine E-Mail schicken darf, wenn er sich eine bestimmte Zeit lang angemessen verhalten oder gewisse Ziele erreicht hat. Auf diese Weise kann man auch Eltern, die eine E-Mail-Adresse besitzen, einbeziehen.

Computerexperten

Manche Schüler lernen schon früh, mit dem Computer umzugehen, besonders wenn sie zu Hause die Möglichkeit dazu haben. Stellen Sie ein „Beraterteam" aus Schülern zusammen, die über spezielles technisches Wissen verfügen. Dieses Spezial-Team kann herangezogen werden, um anderen in der Klasse bestimmte Fähigkeiten zu vermitteln, dem Lehrer zu assistieren oder andere Klassen zu beraten. Bilden Sie analog ein „Grafikerteam" aus Schülern, die Poster, Verträge oder sonstige Urkunden gestalten können.

Regeln am Computer

Im Zusammenhang mit der Arbeit am Computer können gutes Benehmen und überlegtes Handeln besprochen werden. Diskutieren Sie mit den Schülern darüber und bringen Sie dazu ein Poster in der Nähe des Computers an, das die Schüler daran erinnert,

- nach Beendigung ihrer Tätigkeiten ihre Anwendungen auf dem Desktop zu beenden,
- nicht die Dateien anderer zu öffnen und
- nur die ihnen zugestandene Zeit zu nutzen.

ANALYSE-METHODEN

Einstimmung

Befragen Sie Schüler einzeln oder in Gruppen anhand der **KV 18**, um eine Vorstellung von ihren bisherigen Schulerfahrungen zu bekommen.
Stellen Sie die Ergebnisse vergleichend zusammen, um einen Gesamtüberblick als Arbeitsgrundlage zu erhalten.
Wiederholen Sie diesen Vorgang später im Schuljahr und vergleichen Sie die Ergebnisse.

Machen Sie eine ABC-Analyse

Untersuchen Sie das schulische Verhalten eines bestimmten Schülers, der ihnen Sorgen macht. Beobachten Sie ihn mindestens eine Woche lang in verschiedenen Situationen und halten Sie ihre Erkenntnisse schriftlich fest, bis Sie in der Lage sind, das ABC-Schema zu bestimmen.

A – „antecedents" = die Vorgeschichte. Was passiert, kurz bevor er sein Fehlverhalten zeigt? Ist für gewöhnlich ein bestimmter Schüler anwesend? Tritt das Verhalten an einer besonderen Stelle des Klassenzimmers auf? Können diese Begleitumstände geändert werden?

B – „behaviours" = die Verhaltensweisen, die Sie stören.

C – „consequences" = die Folgen, d. h. die Anreize für den Schüler, die ihn zu negativem Verhalten ermutigen. Schenken Sie ihm während solcher Phasen mehr Aufmerksamkeit? Erhält er Zustimmung von der Klasse oder seiner Clique? Oder bietet ihm sein Verhalten die Möglichkeit, sich vor der Arbeit zu drücken? Wenn etwas davon zutrifft, können diese Konsequenzen beseitigt werden?

Veranschaulichen Sie sich das Ergebnis in einer ABC-Tabelle, wie z. B.:

A	B	C
In der Kleingruppe	Imitiert Tierlaute	Die anderen lachen

In diesem speziellen Fall könnten Sie die anderen Schüler bitten, ihrem Mitschüler zu helfen, indem sie sich umdrehen und den Blickkontakt zu ihm abbrechen.

EINBINDUNG DER ELTERN

Was können Sie mir über Ihr Kind erzählen?

Geben Sie zu Beginn des Schuljahres den Schülern einen Elternbrief mit, in dem Sie erklären, dass Eltern normalerweise Interessensgebiete und Stärken Ihrer Kinder kennen, von denen Lehrer und Mitschüler nicht unbedingt etwas erfahren. Bitten Sie die Eltern, auf **KV 17** die Leistungen, Fähigkeiten und positiven Charaktereigenschaften ihrer Kinder einzutragen.

Erfreuliche Nachrichten

Es motiviert Schüler ungemein, wenn Sie den Eltern Positives berichten können. Benachrichtigen Sie die Eltern mit Hilfe von **KV 19** so präzise wie möglich, wenn sich das Verhalten oder die Einstellung ihres Kindes verbessert hat. *Beispiel*: „Anna versteht sich inzwischen gut mit zwei anderen Mädchen in der Klasse." Sorgen Sie dafür, dass die Anerkennungsurkunden, die sich die Schüler verdient haben, nach Hause mitgegeben werden und verwenden Sie **KV 25** für eine Auflistung aller Auszeichnungen eines jeden Schülers.

Plakate für zu Hause

Geben Sie den Schülern ein Informationsblatt zu den Verhaltensweisen mit, die Sie gerade im Unterricht behandeln, und bitten Sie die Eltern, das Blatt irgendwo in Sichtweite ihres Kindes, z. B. an der Innenseite der Toilettentür oder an der Kühlschranktür, anzubringen.

Fotoreportagen

Halten Sie bestimmte Klassenaktivitäten fotografisch fest und lassen Sie Ihre Schüler die Begleittexte dazu verfassen. Die Kinder können ihre Arbeit mit nach Hause nehmen und ihren Eltern präsentieren oder aber Sie zeigen die Schülerarbeiten in der Elternsprechstunde her.

ÜBUNGEN ZUM DURCHSTARTEN

Kennenlernspiel

Bilden Sie mit der Klasse einen großen Sitzkreis. Ein Schüler soll dann aufstehen, auf seinen linken Sitznachbarn zugehen und dabei dessen Namen nennen. Noch bevor der erste den zweiten Schüler erreicht, erhebt sich dieser und geht auf den nächsten Spieler zur Linken zu, wobei er dessen Namen sagt usw. Spielziel ist es, jeden auf diese Weise beim Namen zu nennen, ohne dass ein Fehler gemacht wird.

Namenspiel

Fördern Sie den Aufbau von Beziehungen in der Klasse durch ein Spiel, in dem jeder Schüler etwas über den anderen erfährt. Die erste Schülerin sagt: „Ich heiße Marion und ich mag keine Pizza." Der nächste sagt: „Sie heißt Marion und mag keine Pizza. Ich heiße Florian und spiele Eishockey." Das Spiel geht wie „Kofferpacken", der letzte Schüler muss sich an alles vorher Gesagte erinnern. Ermuntern Sie die Schüler, dass jeder etwas über sich erzählt, was vermutlich kein anderer ansprechen würde.

Routine herstellen

Üben Sie bestimmte Tätigkeiten mit den Schülern spielerisch, bis sie sie „im Schlaf beherrschen", z. B. das Herrichten von Arbeitsmaterial, den Wechsel in ein anderes Klassenzimmer oder den Übergang von einer Aktivität zur anderen. Kündigen Sie an: „Wir wollen jetzt einüben, wie wir uns zur Arbeit bereitmachen. Wie schnell können wir unser Schreibgerät herausnehmen und schreibbereit sein?" Dann sagen Sie: „Das war gar nicht schlecht und das nächste Mal versuchen wir, das Ganze in einer Minute zu schaffen."

Schrittweises Einüben

Nehmen Sie sich zu Beginn des Schuljahres Zeit, um den Schülern zu erklären, welche routinierten Verhaltensweisen Sie von ihnen beispielsweise beim Betreten und Verlassen des Klassenzimmers, bei der Benutzung von Klassenmaterial oder beim Stiftspitzen erwarten. Wiederholen Sie die drei oder vier Schritte für jede Tätigkeit mehrmals und erinnern Sie Ihre Schüler immer wieder daran, kurz bevor diese Verhaltensweise praktiziert wird. *Beispiel*: „Welche drei Regeln beachten wir beim Verlassen des Klassenzimmers?"

Musik liegt in der Luft

Signalisieren Sie Anweisungen durch Musik. Spielen Sie ein beliebtes Lied von etwa 90 Sekunden Länge ab und lassen Sie die Schüler wissen, dass sich jeder an seinem Platz befinden muss, wenn das Musikstück endet. Sie können das Lied auch vor der Mittagspause oder vor Schulschluss einsetzen, um zu signalisieren: „In 90 Sekunden ist Unterrichtsschluss, packt jetzt zusammen!" Verwenden Sie aber ein Stück, das wirklich beliebt ist.

Stille Post

Die Fähigkeit zum Zuhören ist wichtig für die Entwicklung sozialer Fähigkeiten. Erinnern Sie deshalb die Schüler daran, dass sie öfter zuhören als reden sollten und erzählen Sie ihnen das Beispiel vom weisen Uhu: „Je mehr er hört, umso weniger redet er, und je weniger er redet, umso mehr hört er." Lassen Sie die Schüler den weisen Uhu zeichnen und spielen Sie mit ihnen „Stille Post". Dabei werden sie die Erfahrung machen, wie leicht man etwas falsch verstehen kann und wie schnell dadurch eine Botschaft verändert wird.

Hin und Zurück

Schüler, die sich nicht besonders gut kennen, sollen sich paarweise zusammenfinden und sich über ein gängiges Thema unterhalten, z. B. über ihr Lieblingsessen. Unterdessen gehen sie auf eine vorher festgelegte Ziellinie zu und dann wieder zurück zum Ausgangspunkt. Auf dem Hinweg redet nur Schüler „A", auf dem Rückweg nur Schüler „B". Auf diese Weise lernen die Kinder, gut zuzuhören und beim anderen Interesse zu wecken.

Hände hoch und Ruhe!

Weisen Sie Ihre Schüler darauf hin, dass den meisten Leuten lautes Stimmengewirr unangenehm ist. Erklären Sie ihnen, dass Sie Ihre Hand heben werden, wenn Sie wünschen, dass die Schüler ihre Arbeit unterbrechen, ruhig werden und Ihnen zuhören sollen. Sobald jeder Schüler die erhobene Hand sieht, sollte er aufhören zu reden und ebenfalls die Hand heben. Durch die „Wellenbewegung" wird die Klasse sehr schnell ruhig werden, allerdings erst, wenn Sie darin geübt ist. Haben Sie also Geduld.

Versteinern!

Dieses Spiel erfordert gegenseitige Hilfe. Die Schüler einer Gruppe haben Spielsäckchen (oder einen kleineren, weichen Gegenstand) auf dem Kopf und folgen Ihren Anweisungen, wie z. B. „Zweimal hoppeln!", „Zweimal springen!". Wenn ein Spieler sein Säckchen verliert, soll es ein anderer, der gerade nicht mitspielt, aufheben und ihm zurückgeben. Gleichzeitig steht ein Schüler mit dem Rücken zur Gruppe und ruft irgendwann „Versteinern!". Wenn jeder in diesem Moment seinen Gegenstand auf dem Kopf trägt, bekommt die Gruppe einen Punkt, wenn nicht, geht die Runde an den Lehrer.

Chance vertan!

Wenden Sie die „Drei-Chancen-Strategie" an, wenn ein Schüler Ihre Anweisungen nicht befolgt. Formulieren Sie Ihre Anweisung in einem Satz, der mit „Ich möchte, dass ..." anfängt. Sollte der Schüler darauf nicht reagieren, wiederholen Sie die Aufforderung. Lassen Sie sich auf keine Diskussion mit dem Schüler ein und wiederholen Sie die Anweisung ggf. nochmals. Bei einer erneuten Missachtung seitens des Schülers lassen Sie ihn die Konsequenzen spüren.

Smiley-Punkte sammeln

Fördern Sie Verhaltensänderungen, indem Sie Schülern eine Bonuskarte mit acht leeren Feldern aushändigen. Jedes Mal, wenn Sie bei diesen Schülern die Verhaltensweise beobachten können, die Sie mit ihnen ausgehandelt haben – beispielsweise die eigene Arbeit konsequent erledigen statt andere ablenken – stempeln Sie ein Smiley-Gesicht auf eines der Felder. Wenn die Karte voll ist, darf der Schüler eine Geschichte aussuchen, die der ganzen Klasse vorgelesen wird.

Hutziehung

Geben Sie ein paar Gutscheine über Belohnungen für die ganze Klasse in einen Hut (z. B. eine bestimmte Zeit Radio hören oder Hausaufgabennachlass). Einigen Sie sich mit den Schülern über die Verhaltensweisen, die belohnt werden sollen. Tragen Sie in ein Bonusheft ein, wie oft die Klasse dieses Verhalten zeigt, z. B. wenn die Klasse bei der Arbeit gut kooperiert oder mit normaler Lautstärke arbeitet. Wenn die verabredete Zahl von Einträgen erreicht ist, zieht ein Schüler einen Gutschein aus dem Hut.

Smiley-Ball

Für dieses Spiel benötigen Sie einen leichten Ball mit Smiley-Gesicht. Die Schüler sitzen im Kreis und Sie beginnen das Spiel damit, dass Sie den Ball zu einem Schüler hinrollen und dabei den Namen des Schülers nennen. Dieser Schüler rollt den Ball zu einem anderen und sagt dabei dessen Namen usw. Man kann es auch so spielen, dass ein Schüler sagt, was er an einem anderen mag, während er den Ball zu diesem Schüler hinrollen lässt.

A B C D E F G H I J K L M N O P Q R S T U V W X Y Z

Kooperationsspiel

Üben Sie Kooperationsfähigkeit ein, indem Sie Schüler in Dreiergruppen Bilder aus alten Zeitschriften ausschneiden und auf Plakatpapier kleben lassen. Geben Sie ihnen 20 Minuten Zeit, um so viele Bilder wie möglich zu finden, die einen Gegenstand mit einem bestimmten Anfangsbuchstaben darstellen, und um das dazugehörige Wort unter das Bild zu schreiben. Einer ist für das Ausschneiden und Zählen, der Zweite für das Anordnen und Aufkleben und der Dritte für das Schreiben zuständig.

Störfreie Zone

Stellen Sie einen Tisch und einen Stuhl auf, der mit der Lehne zum Rücken der Klasse zeigt und möglichst an ein Klassenzimmermöbel angelehnt ist. Setzen Sie einen Schüler, der andere stört oder mit seiner Arbeit nicht vorankommt, an diesen Tisch und lassen Sie ihn dort zehn Minuten weiterarbeiten. Stellen Sie eine Zeituhr ein; wenn es klingelt, darf der Schüler an seinen Platz zurückkehren.

Woche der Freundlichkeit

Führen Sie eine „Woche der Freundlichkeit" ein, in der sich die Schüler so oft wie möglich freundlich verhalten sollen. Die Taten können aufgeschrieben und in einem Briefkasten gesammelt werden. Diskutieren Sie mit den Schülern darüber, wie sie anderen gegenüber höflich sein können, woran sie spüren, dass eine Person oder ein Ort freundlich ist und wie eine freundliche Schule aussieht.

Spielkiste

Verwenden Sie eine Spielkiste, in der Sie Karten- und Brettspiele, Puzzles, Rätsel und Spielzeug als Extra-Belohnung aufbewahren. Schüler, mit denen Sie Verträge zur Besserung des Arbeits- oder Sozialverhaltens ausgehandelt haben, dürfen beispielsweise 20 Minuten mit einem Freund oder einer Freundin spielen und sich ein beliebiges Spielzeug aus der Kiste aussuchen.

Baum der guten Taten

Stecken Sie einen kleineren blattlosen Zweig in einen Blumentopf mit nassem Sand. Die Schüler dürfen diesen kleinen „Baum" mit Papierblumen und -blättern schmücken. Ermutigen Sie die Schüler, Ihnen von Mitschülern zu erzählen, die sich hilfsbereit, fürsorglich, großzügig oder freundlich verhalten haben, und schreiben Sie dann die „guten Taten" mit Namensnennung auf die Papierblumen oder -blätter, die am Baum befestigt werden.

Bringen Sie Bewegung in die Klasse

Führen Sie mit den Schülern „bewegende" Gespräche – das hilft, wenn Schüler zu lange still sitzen mussten und ihre Konzentration nachlässt oder wenn sie zu laut werden. Sie stellen Fragen und die Schüler antworten, indem sie aufstehen und bestimmte Bewegungen machen. Sagen Sie z. B.: „Wer Spagetti mag, macht mit den Armen einen Hubschrauber nach." oder „Wer schon mal in einem Zoo war, stellt einen Elefantenrüssel dar." Die Anweisungen können natürlich auch den Unterrichtsstoff betreffen.

„Ich bin stolz auf euch!"

Sprechen Sie sich mit der jeweiligen Pausenaufsicht ab. Wenn es mit Ihren Schülern während der Pause keine Probleme gegeben hat, sagen Sie Ihrer Klasse: „In der Pause hat sich jeder von euch gut benommen. Ich bin stolz auf euch." Daraufhin darf ein Schüler eine Glasmurmel in ein Gefäß für „gutes Benehmen" legen. Wenn sich 30 Glasmurmeln angesammelt haben, darf sich die Klasse ein Spiel aussuchen. Eine andere Möglichkeit ist die Verwendung von KV 22.

Freizeit verdienen

Zeichnen Sie sechs Kreise an die Tafel und schreiben Sie jeweils die Ziffer „5" hinein. Jeder Kreis steht für 5 Minuten. Sagen Sie der Klasse, dass Sie von ihr ein gutes Arbeitsverhalten erwarten und dass Sie jedes Mal, wenn sich ein Schüler nicht hilfsbereit oder nicht arbeitswillig verhält, einen Kreis streichen werden. Die übrig gebliebenen Kreise vor Unterrichtsende zeigen, wie viele freie Minuten den Schülern zur Verfügung stehen.

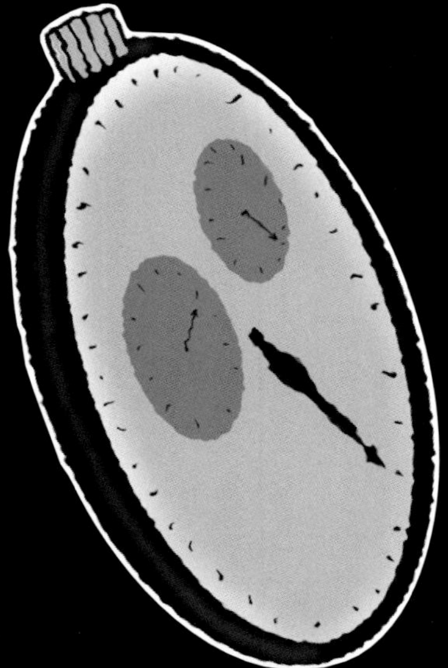

MATERIALIEN FÜR DIE INDIVIDUELLE PLANUNG

NAME

Riese

Stell dir vor, du hättest einen Riesen als neuen Mitschüler. Wie würde sich wohl der Riese hier fühlen?

Wie könnten du und deine Mitschüler dem Riesen dabei helfen, sich einzugewöhnen?

Was könntet ihr am Klassenzimmer verändern, um es dem Riesen leichter zu machen?

Bilder-Paket 6

Zeichne auf die Rückseite dieses Blattes dich selbst, wie du neben dem Riesen sitzt.

Vermittelt soziale Fähigkeiten

NAME

Welcher Schüler petzt?

- Wer petzt, versucht nicht, ein Problem selbst zu lösen, sondern nur, andere in Schwierigkeiten zu bringen.
- Wer um Hilfe bittet, möchte die Unterstützung eines Lehrers bei einem Problem, das man selbst nicht lösen konnte.
- Wer verantwortlich handeln will, informiert einen Lehrer oder einen anderen Erwachsenen, wenn einem selbst oder einem Mitschüler etwas Schlimmes zustößt.

Schau dir die Bilder unten an und entscheide, ob die Personen darauf petzen, um Hilfe bitten oder verantwortlich handeln. Kreise die richtigen Antworten ein!

Petzen
Um Hilfe bitten
Verantwortlich handeln

Petzen **Um Hilfe bitten** **Verantwortlich handeln**

Petzen **Um Hilfe bitten** **Verantwortlich handeln**

Bilder-Paket 7

Vermittelt individuelle Fähigkeiten

NAME

Auf sich aufmerksam machen

Hier findest du einige gute und einige schlechte Vorschläge, wie du andere in der Klasse auf dich aufmerksam machen kannst. Male die guten Möglichkeiten blau und die schlechten gelb aus.

Eine Riesenschau abziehen

Ein Spiel anfangen

Einen fiesen Witz über jemanden machen

Eine lustige Geschichte erzählen

Einer anderen Person helfen

Eine Regel verletzen

Gute Arbeit leisten

Ein Spielverderber sein

Freundlich zu jemandem sein

Bilder-Paket 3

Vermittelt individuelle Fähigkeiten

NAME ____________________

„Gesucht wird …“

Versuche, jemanden in der Klasse zu finden, auf den immer eine der folgenden Beschreibungen zutrifft:

Größer als ich ____________________

Kleiner als ich ____________________

Lockiges Haar ____________________

Glattes Haar ____________________

Sitzt in meiner Nähe ____________________

Mag Hunde ____________________

Mag Katzen ____________________

Bilder-Paket 6

Baut Beziehungen in der Klasse auf/Einander kennen lernen

„Rate mal …"

Schneide die unteren Kärtchen aus und knicke sie an der gestrichelten Linie. Schreibe auf die Außenseite etwas über dich, was dich von allen anderen in der Klasse unterscheidet. Auf die Innenseite der Kärtchen schreibst du die Lösung des Rätsels – DEINEN NAMEN! Stellt eure Kärtchen zusammen auf und versucht dann abwechselnd, die Namen auf der Innenseite zu erraten.

Name: ______________________

Name: ______________________

Name: ______________________
____

Name: ______________________
____

Bilder-Paket 6

NAME

Arbeitsgemeinschaften

Was würde passieren, wenn die Mitglieder dieser Gruppen nicht richtig zusammenarbeiten würden?

Ein Orchester

Ein Operationsteam

Eine Fußballmannschaft

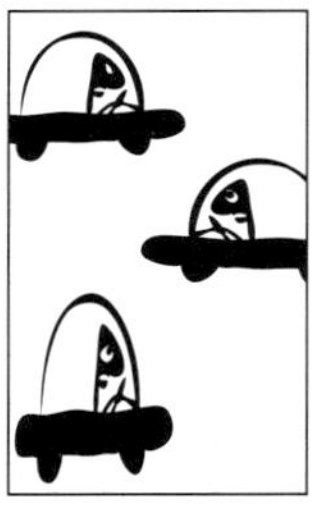

Die Autofahrer auf der Straße

Die Piloten in der Luft

Bilder-Paket 13

Fördert Kooperationsbereitschaft

NAME

Sei dein eigener Chef

Zeichne dich, wie du gerade dein eigener Chef bist (selbstständig), nachdem du deine Arbeit beendet hast und keine neuen Aufgaben zu erledigen hast.

Ich bin mein eigener Chef, weil ich

Zeichne dich, wie du gerade dein eigener Chef bist (selbstständig), nachdem du auf dem Pausenhof niemanden zum Spielen gefunden hast.

Ich bin mein eigener Chef, weil ich

Bilder-Paket 13

Setzt Selbstständigkeit und Kooperation voraus und ermutigt dazu

NAME

Unsere Klassenversammlungen

Hast du die Regeln für unsere Klassenversammlungen befolgt? Male jeweils das Gesicht aus, das auf dich zutrifft. Das lachende Gesicht heißt, du hast dich an die Regel gehalten, das traurige Gesicht heißt, du solltest dir damit noch mehr Mühe geben.

Wenn ich etwas sagen wollte, habe ich meine Hand gehoben und gewartet, bis mich der Moderator aufgerufen hat.

Ich habe andere nicht verletzend behandelt.

Ich habe versucht, etwas beizutragen, auch wenn ich mich nicht recht getraut habe.

Ich habe zugehört, was die anderen zu sagen hatten.

Bilder-Paket 16

Setzt Selbstständigkeit und Kooperation voraus und ermutigt dazu

NAME

Streit schlichten

Füll dieses Blatt aus, wenn du mit jemandem einen richtigen Streit hattest. So kannst du besser herausfinden, wie ihr die Sache in Ordnung bringen könnt.

Ich will ______________________________

____

____

Ich finde ______________________________

____

____

Das ist meine Meinung, weil ______________________________

____

____

Ich glaube, die anderen finden ______________________________

____

____

Ich glaube, die anderen wollen ______________________________

____

____

Das könnten wir tun, um unser Problem zu lösen:

1. ______________________________
2. ______________________________

Vielleicht könnten wir auch versuchen ______________________________

____

____

Bilder-Paket 1, 2, 21

Vermittelt Strategien zur Konfliktbewältigung

NAME

„Wenn ich wütend bin …"

Unter jedem Rahmen findest du eine andere Möglichkeit, mit Wut umzugehen. Wenn du schon einige davon ausprobiert hast, dann schreibe in den Rahmen, wie es war. Wenn du aber denkst, du solltest es einmal anders versuchen, dann zeichne in den entsprechenden Rahmen ein Bild, das zeigt, wie du dich bei deinem nächsten Wutanfall verhalten kannst.

Ich denke an die Fehler, die ich gemacht haben könnte.

Ich rede mit jemandem über meine Wut.

Ich suche mir eine Beschäftigung, um mich abzulenken.

Ich strenge mich an, den Standpunkt der anderen zu sehen.

Ich treibe etwas Sport und fühle mich danach besser.

Bilder-Paket 5

Vermittelt Strategien zum Umgang mit Wut

Tore schießen

Schneide die Bälle aus und beschrifte jeden mit deinem Namen und einem deiner Ziele (etwas, auf das du hinarbeitest). Du kannst die Bälle auch farbig ausmalen. Wenn du dein Ziel verwirklicht hast oder ihm einen Schritt näher gekommen bist, dann befestige den entsprechenden Ball zwischen den Torpfosten auf KV 12.

Name

Ziel

Name

Ziel

Name

Ziel

Name

Ziel

Fördert eigene Zielsetzungen und die Entwicklung von Erfolgsgefühl

NAME

„Geschafft!“

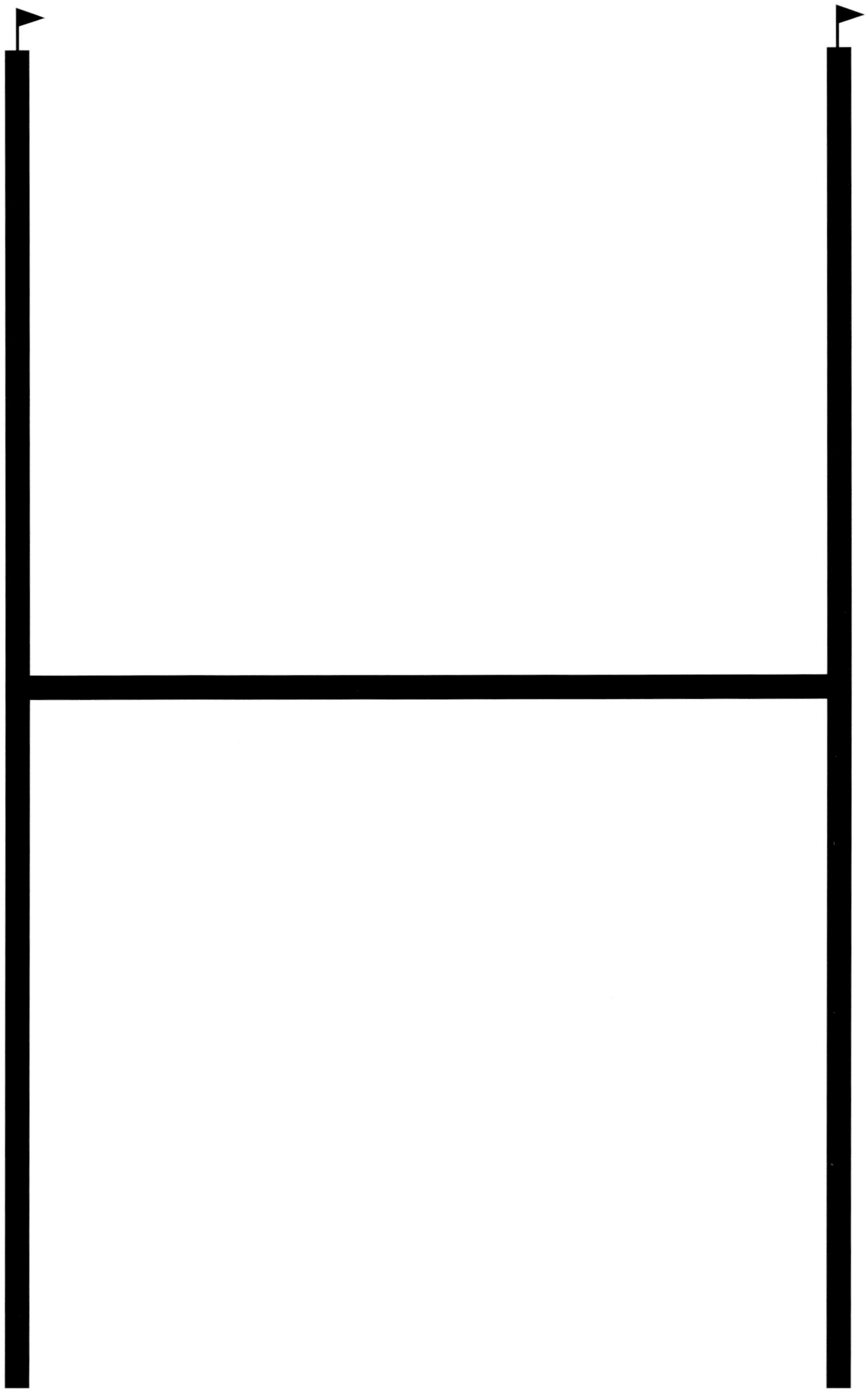

Fördert eigene Zielsetzungen und die Entwicklung von Erfolgsgefühl

NAME

Meine Erfolgskette

Schreibe ein Ziel, das du verwirklicht hast, oder dem du schon nahe bist, auf die unteren Streifen.

Wenn alle Streifen ausgefüllt sind, male sie mit verschiedenen Farben aus und schneide sie aus. Klebe den ersten Streifen an den Enden zusammen, so dass dein Name und dein Ziel auf der Außenseite stehen: Das ist dein erstes Kettenglied. Nun stecke den zweiten Streifen in den ersten und klebe ihn ebenfalls zusammen usw., bis du das letzte mit dem ersten Kettenglied verbunden hast.

Häng deine Kette an einer gut sichtbaren Stelle auf.

Name:

Erreichtes Ziel:

Name:

Erreichtes Ziel:

Name:

Erreichtes Ziel:

Name:

Erreichtes Ziel:

Name:

Erreichtes Ziel:

Name:

Erreichtes Ziel:

Fördert eigene Zielsetzungen und die Entwicklung von Erfolgsgefühl

NAME

Regeln!

1. Schreibe hier zwei Regeln auf, die bei euch zu Hause gelten.

____

____

____

2. Kennst du eine Regel, die in unserer Stadt/Gemeinde gilt?

____

____

____

3. Was passiert mit Leuten, die in unserer Stadt/Gemeinde Regeln verletzen?

____

____

____

4. Findest du, dass Regeln eine gute Sache sind? Warum oder warum nicht?

____

____

____

Vermittelt soziale Werte

Bilder-Paket 3, 22

NAME

Regelquiz

1. Welche Regel der Klassenordnung befolgst du beim Verlassen deines Platzes?

2. Was sagt unsere Klassenordnung über Streit?

3. Welche Regel beschäftigt sich mit Schikanen?

4. Was sagt die Klassenordung über ______________?

5. Was sagt die Klassenordung über ______________?

Bilder-Paket 3, 22

Vermittelt soziale Werte

NAME

Was kannst du am besten?

Male jedes Bild farbig aus und verwende die Farben so wie in der Erklärung. Du darfst nur sechs Bilder braun ausmalen.

Erklärung Braun heißt: Das kann ich wirklich sehr gut.	Blau heißt: Das kann ich wirklich gut.	Rosa heißt: Das kann ich ziemlich gut.	Gelb heißt: Das kann ich einigermaßen.

Geschichten schreiben
(Sprache)

Rechnen
(Logik und Mathe)

Sportspiele
(Körper)

Ein Instrument spielen
(Musik)

Pflanzen ziehen
(Naturfreund)

Tanzen (Körper)

Über meine Gefühle
Bescheid wissen
(Persönlichkeit)

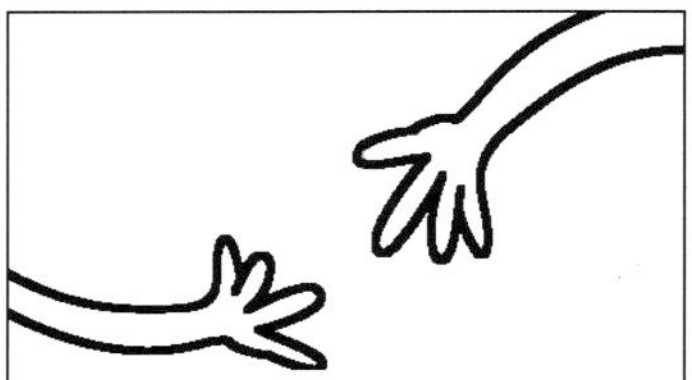

Anderen Leuten helfen
(Gesellschaft)

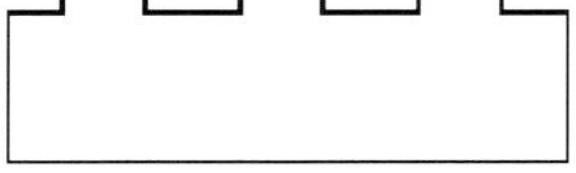

Aus Lego Sachen
bauen
(Räumliches Denken)

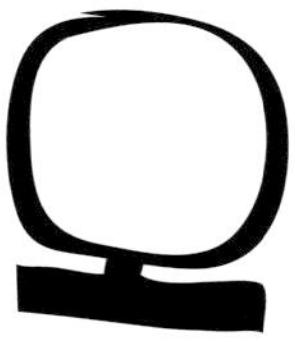

Mit dem Computer
ungehen
(Logik und Mathe)

Lesen (Sprache)

Leicht Anschluss
finden (Gesellschaft)

Gut singen
(Musik)

Tiere verstehen
(Naturfreund)

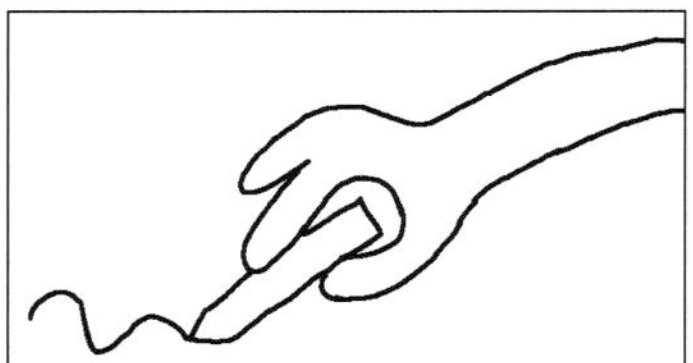

Zeichnen
(Räumliches Denken)

Entscheiden, was ich
will und es tun
(Persönlichkeit)

Liste komplexer Interessensfelder

Was können Sie mir über Ihr Kind erzählen?

Über Ihr Kind gibt es sicher Wissenswertes zu erfahren, das mir und den Mitschülern nicht bekannt ist. Könnten Sie bitte in die untenstehenden Zeilen Interessensgebiete und Leistungen Ihres Kindes eintragen und das Blatt Ihrem Kind wieder mitgeben?

____

Herzlichen Dank

Unterschrift des Lehrers ______________________________

....

Name:

Interessen: ______________________________

____

____

Stärken: ______________________________

____

____

Leistungen: ______________________________

____

____

Fähigkeiten (Können): ______________________________

____

____

Positive Charaktereigenschaften: ______________________________

____

____

Sonstiges: ______________________________

____

____

Wie fühlst du dich?

Befragen Sie die Schüler einzeln oder paarweise und stellen Sie ihnen die folgenden Fragen zu ihrer schulischen Situation:

Schüler:	Datum:

- Verspottet oder hänselt dich jemand in der Klasse?

- Versucht jemand, deine Sachen zu beschädigen?

- Tauscht ihr euch in der Klasse aus und kommt jeder einmal an die Reihe, wenn ihr zusammenarbeitet?

- Hast du viele Freunde in der Klasse?

- Fühlst du dich in dieser Klasse wohl?

- Findest du in den Pausen normalerweise jemanden zum Spielen?

- Gibt es Spiele, die du nicht gern magst?

- Fühlst du dich einsam oder oft ausgeschlossen?

- Freust du dich jeden Tag auf die Schule?

Analysiert das Klassenklima

NAME

Mein Bonusvogel

Ich darf immer dann einen Kreis ausmalen und habe damit einen Bonuspunkt, wenn jemand aus der Klasse_____________________________ (Verhaltensweise) bei mir beobachtet und darüber berichtet. Mit ________ farbigen Kreisen bekomme ich folgende Belohnung:___________________.

Führt Belohnungssysteme ein

Wer macht dasselbe Tier nach?

Fotokopieren Sie diesen Kartensatz so oft, dass jeder Schüler eine Karte bekommt. Kleben Sie die Karten auf Kartonpapier, dann schneiden Sie sie aus und geben die gemischten Einzelkarten in eine Schachtel. Lassen Sie nun jeden Schüler eine Karte ziehen und die Laute nachahmen, die das Tier auf der Karte von sich gibt. Spielziel ist, die anderen Schüler mit der gleichen Tierkarte zu finden. (Eine andere Möglichkeit: Die Schüler imitieren Tierbewegungen.)

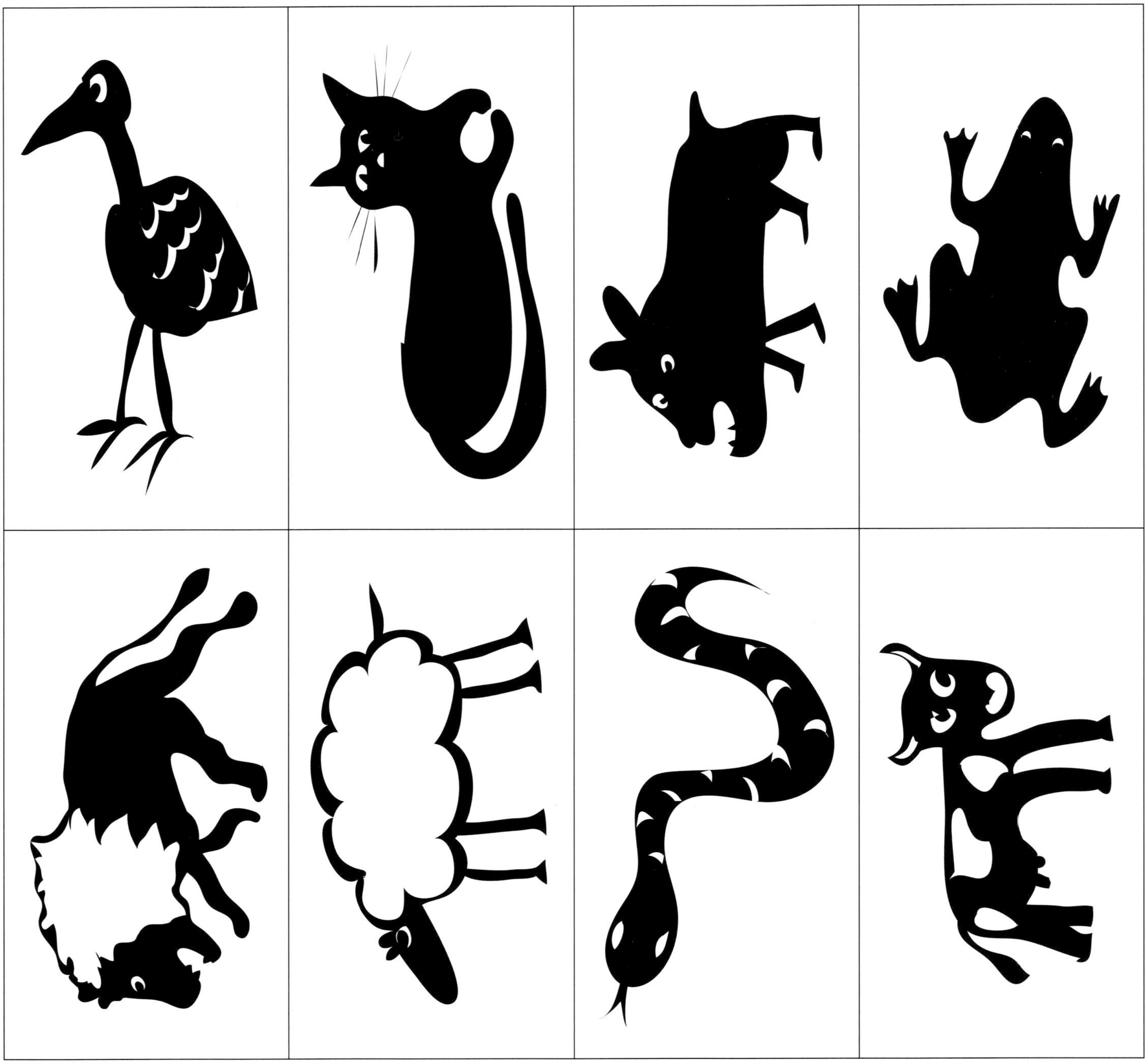

Bilder-Paket 13

Entwickelt Kooperationsbereitschaft

Wie war die Gruppenarbeit?

Geben Sie den Schülern dieses Blatt nach einer Gruppenarbeit zum Ausfüllen.

Name: ______________________________

In deiner Gruppe haben mitgearbeitet:

____

____

____

Wir hatten folgenden Arbeitsauftrag:

____

____

____

Male das Gesicht aus, das zeigt, wie gut ihr zusammengearbeitet habt!

Wir haben sehr gut zusammengearbeitet.

Wir haben ziemlich gut zusammengearbeitet.

Wir haben recht gut zusammengearbeitet.

Wir haben nicht gut zusammengearbeitet.

Was hat deiner Gruppe bei der Zusammenarbeit geholfen?

____

____

____

Was hat deine Gruppe an der Zusammenarbeit gehindert?

____

____

____

Bilder-Paket 13

Entwickelt Kooperationsbereitschaft

Gute Nachricht!

hat sich bei folgenden Verhaltensweisen verbessern können:

Unterschrift des Lehrers:

Datum:

Fördert die Befolgung von Klassenregeln

Anerkennung für gute Mitarbeit

Diese Urkunde hat sich verdient

____,

weil sie/er die Klassenordnung gut kennt und befolgt und mit den anderen vorbildlich zusammenarbeitet.

Vielen Dank dafür!

Unterschrift des Lehrers:

____

Datum: ______________________

Bilder-Paket 22

Fördert die Befolgung von Klassenregeln

Freundlichkeits-Urkunde

Diese Freundlichkeits-Urkunde hat sich verdient

____,

weil sie/er sich bei folgender Gelegenheit besonders freundlich verhalten hat:

____

____

____

Unterschrift des Lehrers: ______________________ Datum: ______________

Gefälligkeits-Urkunde

Diese Gefälligkeits-Urkunde hat sich verdient

____,

weil sie/er jemandem den folgenden großen Gefallen getan hat:

____

____

____

Unterschrift des Lehrers: ______________________ Datum: ______________

Bilder-Paket 22

Name: ____________________

Liste der verdienten Urkunden

Urkunde	*Datum*	*Unterschrift des Lehrers*

Fördert die Befolgung von Klassenregeln

Schaffst du das?

Das ist ein Vertrag zwischen

________________ und ________________

(Name des Lehrers) (Name des Schülers)

Ich, __________ (Schüler), werde versuchen,

____

____

____

____

Das will ich bis zum __________(Datum) schaffen.

Unterschrift des Schülers: ________________ *Datum:* ________

Ich, ________________(Lehrer), verspreche für den Fall, dass ________________ (Schüler) diesen Vertrag erfüllt, Folgendes zu tun:

____

____

____

____

Unterschrift des Lehrers: ________________ *Datum:* ________

Individueller Verhaltensvertrag

Unser Klassenvertrag

Vertrag zwischen der Klasse ________
und dem Lehrer ____________________________

Alle Mitglieder der Klasse ________ versprechen:
Wir werden höflich und rücksichtsvoll miteinander umgehen.
Wir werden zu niemandem sagen: „Du darfst nicht mitspielen“.
Wir werden gut zusammenarbeiten.
Wir werden auf unser Gemeinschaftseigentum achten, sonst dürfen wir es nicht mehr benutzen.
Wir werden die anderen nicht bei der Arbeit stören, sonst müssen wir uns an den „Nicht stören!“-Tisch setzen.
Wir werden uns gegenseitig nicht wehtun oder beleidigen.
Wir werden andere nicht schikanieren oder hänseln.

Unterschrift des Lehrers: __________________ Datum: _____

Unterschrift aller Klassenmitglieder:

Bilder-Paket 22

Vertrag über Klassenregeln

Schritt für Schritt

ARBEITSKARTE 1

Sockenpuppen

Du brauchst:

- Ein altes Paar Socken
- Vier Knöpfe für zwei Paar Augen
- Kleber
- Wolle oder Watte
- Filzstifte
- Schere
- Einen Partner

Bilder-Paket 2

So machst du es:

1. Denk dir mit einem Partner ein Stück aus, das man mit Puppen spielen kann.
2. In eurer Geschichte sollten zwei Personen vorkommen, die streiten oder verschiedener Meinung sind.
3. Denkt euch für eure Personen gute Möglichkeiten aus, wie sie die Sache in Ordnung bringen können.
4. Jeder Partner fertigt eine Sockenpuppe für das Spiel an. Klebt je zwei Knöpfe als Augen auf das Fußstück der Socken.
5. Nehmt Wolle oder Watte für die Haare.
6. Zeichnet Nase und Mund auf das „Gesicht“ der Puppen.
7. Spielt die Geschichte.

ARBEITSKARTE 2

Gutscheine für die Hutziehung

Du brauchst:

- Papier oder dünnen Karton
- Schere
- Filzstifte, Wachsmalstifte, Buntstifte

So machst du es:

1. Entscheide dich, für welche Belohnung du einen Gutschein machen willst. Vielleicht ist es ein Spiel mit einem Freund, eine Geschichte zum Aussuchen für die Klasse oder ein Joker-Gutschein. (Die Person, die den Gutschein zieht, darf entscheiden, wann sie den Gutschein einlöst.)
2. Schneide Papier oder dünnen Karton in beliebiger Form aus.
3. Schreibe darauf, wie die Belohnung aussehen soll.
4. Verziere den Gutschein mit verschiedenen Stiften.
5. Stecke den Gutschein in den Hut für die Ziehung. (Vielleicht ist es nötig, dass du den auch bastelst.)

Arbeitskarte 3

Stimmungsheftchen

Du brauchst:

- Fünf Seiten Papier oder dünnen Karton
- Schere
- Filzstifte, Buntstifte und Wachsmalstifte

So machst du es:

1. Zeichne auf das erste Stück Karton oder Papier ein sehr fröhliches Gesicht mit der Sprechblase: „Das habe ich sehr gern gemacht." Das ist die erste Seite deines Heftchens.
2. Auf die zweite Seite kommt ein fröhliches Gesicht, das sagt: „Das habe ich gern gemacht."
3. Die dritte Seite soll ein Gesicht mit einem Strich als Mund zeigen, darunter den Text: „Das war ein bisschen schwer für mich."
4. Zeichne auf die vierte Seite ein trauriges Gesicht und schreibe dazu: „Das habe ich nicht gern gemacht."
5. Auf die fünfte Seite kommt ein sehr trauriges Gesicht und dazu der Text: „Dabei habe ich mich sehr unwohl gefühlt."
6. Hefte die Seiten in der richtigen Reihenfolge zusammen. Nun ist dein Stimmungsheftchen fertig.
7. Du kannst dein Heftchen verwenden, um deinem Lehrer am Ende einer Aktivität zu zeigen, wie du dich dabei gefühlt hast.

Arbeitskarte 4

Kennenlern-Mobile

Du brauchst:

- Einen Kleiderbügel
- Dünnen Karton
- Schere
- Fäden zum Aufhängen der Bilder
- Filzstifte, Buntstifte und Wachsmalkreiden

So machst du es:

1. Schneide aus deinem Karton fünf verschiedene Formen aus.
2. Wähle fünf Mitschüler aus, die du nicht besonders gut kennst.
3. Finde über jeden etwas Besonderes heraus. (Du könntest nach ihren Haustieren, ihrer Familie, ihrem Lieblingsspiel oder ihren Ferien fragen.)
4. Hör genau zu, was sie erzählen.
5. Schreibe jeweils den Namen der Person und das, was du über sie herausgefunden hast, auf eine deiner Formen.
6. Loche jede Form und ziehe einen Faden durch jedes Loch.
7. Befestige jede Form am Kleiderbügel, indem du die Fäden verknotest.
8. Hänge dein Mobile an der Klassenzimmerdecke auf.

Arbeitskarte 5

Haie und Uhus

Du brauchst:

- Karton
- Schere
- Filzstifte, Buntstifte und Wachsmalstifte
- Klebeband (durchsichtig)

So machst du es:

1. Zeichne einen Hai und einen Uhu. (Haie verletzen andere, um zu bekommen, was sie wollen. Uhus sind schlauer: Sie versuchen, Probleme anders zu lösen.)
2. Male den Hai gelb aus, schreibe NEIN darauf und streiche das Wort dick durch (X).
3. Schneide den Hai aus und hänge ihn im Klassenzimmer auf.
4. Male den Uhu blau aus, schreibe JA darauf und mache einen dicken Haken dazu.
5. Schneide ihn aus und beschrifte ihn mit deinem Namen.
6. Hänge den Uhu dort auf, wo ihn jeder sehen kann.

Arbeitskarte 6

„Das mag ich am liebsten"

Du brauchst:

- Ein Bild aus einer Zeitschrift, das etwas zeigt, was dir sehr gut gefällt (z. B. ein Tier, eine Blume, eine Landschaft, ein Fahrzeug)
- Schere
- Weißen Karton
- Kleber
- Einen Filzstift

So machst du es:

1. Schneide das Zeitungsbild aus.
2. Klebe es auf den weißen Karton.
3. Schneide nun den Karton aus und schreibe deinen Namen auf die Rückseite des Bildes.
4. Gib das Bild nun deinem Lehrer. Wenn er dir sagen will, dass du dich gerade sehr anstrengst, wird er das Bild auf deinen Tisch legen.

ARBEITSKARTE 7

Roter Daumen

Du brauchst:

- Helles farbiges Papier
- Karton
- Füller
- Schere
- Kleber
- Einen roten Filzstift

Bilder-Paket 12

So machst du es:

1. Zeichne den Umriss deiner Hand auf das Papier, aber mach den Daumen viel größer als in Wirklichkeit.
2. Schneide die Zeichnung aus und klebe sie auf den Karton.
3. Schneide nun den Karton aus.
4. Male den Daumen mit dem roten Filzstift aus.
5. Jedes Mal, wenn du glaubst, dass jemand aus der Klasse einen Mitschüler hänselt, kannst du die Karte mit dem Daumen auf den Tisch des Lehrers legen.

ARBEITSKARTE 8

Dankeschön-Karten

Du brauchst:

- Weißen Karton
- Schere
- Filzstifte, Buntstifte und Wachsmalkreiden

Bilder-Paket 22

So machst du es:

1. Schneide zehn Rechtecke (20 cm × 10 cm) aus.
2. Falte sie einmal, um ein Stehkärtchen zu bekommen.
3. Schreibe in Großbuchstaben DANKE SCHÖN auf die Vorderseite jeder Karte und male Verzierungen darauf.
4. Schenke Mitschülern, die hilfsbereit und freundlich zu dir waren, so eine Karte und erkläre ihnen, warum du das tust.